Né à Tours le 20 mai [...] [...]-
déré comme l'un des p [...] n
français. Il s'est exprim[...] [...]t,
en l'espace de trente ans, plus de quat[...] et
nouvelles, qu'il a réunis ensuite en une seule œuvre tentacu-
laire, *La Comédie humaine*. Initiateur du mouvement réaliste,
Balzac dépeint dans ses romans des personnages poussés par
une destinée grandiose. Il s'attache aussi à offrir une dimension philosophique au roman à travers une étude précise des
mœurs de son époque.

Honoré de Balzac est le fils de Bernard-François Balssa
et d'Anne-Charlotte-Laure Sallambier. Son père, d'origine
paysanne, connaîtra une ascension sociale progressive. Entre
1771 et 1783, il transforme son nom de famille en Balzac puis
y fait accoler une particule en 1802. Balzac grandit dans une
famille de bourgeois à la richesse souvent précaire. Il apprend
les rapports particuliers à l'argent et à l'ambition. Le couple
formé par ses parents est loin d'être idyllique : Bernard-François et Anne-Charlotte ont trente-deux ans d'écart. La mère
d'Honoré de Balzac ne ressent que de l'indifférence et du
mépris pour ses enfants. À sa naissance, elle place Honoré
en nourrice : l'enfant ne réintégrera la maison familiale qu'en
1803. L'auteur a trois frères et sœurs : Laure, Laurence et
Henri.

De 1807 à 1813, Honoré est pensionnaire au collège des
oratoriens de Vendôme. Pendant six ans, il se livre à une
existence de lecture intensive et développe son goût pour
la philosophie. En 1814, la famille Balzac s'installe à Paris.
Honoré s'inscrit en droit en 1816. Il suit des cours à la Sor-
bonne, notamment ceux de grandes figures universitaires
telles que Villemain, Guizot ou encore le naturaliste Geof-
froy Saint-Hilaire. Balzac a pour ambition de devenir philosophe et se dit disciple de Locke. En parallèle de ses études,

Honoré travaille comme clerc de notaire, une expérience qui l'inspirera plus tard pour l'écriture de ses romans. En 1819, il passe ses premiers examens avec succès, mais ne se présentera pas aux suivants. En effet, malgré les désirs de sa famille de le voir devenir notaire, Balzac veut écrire et faire fortune grâce à la littérature. En 1819, ses parents acceptent de le loger dans une mansarde de Paris et lui donnent deux ans pour percer dans le milieu de la littérature. Sous l'inspiration des grands auteurs classiques, notamment de Shakespeare, Balzac écrit une tragédie, *Cromwell* (1820). Les réactions de son entourage sont décevantes et l'auteur décide d'abandonner le théâtre pour un temps. Balzac ébauchera par la suite plusieurs romans inspirés de Walter Scott. Ces textes ne seront jamais publiés de son vivant.

En parallèle, Honoré se familiarise avec l'univers des journaux. Sous les pseudonymes de Lord R'Hoone et Horace de Saint-Aubin, il produit une série de textes destinés à améliorer ses finances. En 1822 paraîtront ainsi plusieurs romans satiriques et philosophiques comme *L'Héritière de Birague*, *Jean-Louis*, *Le Vicaire des Ardennes* ou encore *Clotilde de Lusignan*. Ces romans rencontrent un succès modeste, mais suffisant pour encourager Balzac à persévérer dans cette voie. En 1823, il publie *Annette et le Criminel* et *La Dernière Fée*. En 1825 paraît *Wann Chlore*, roman réaliste inspiré de Jane Austen.

En 1824, Balzac collabore avec *Le Feuilleton littéraire*. Dans une série de textes, il développe sa pensée et ses opinions sur divers sujets de société. Paraîtront ainsi un *Code de la toilette*, un *Code des gens honnêtes* et un *Traité de la prière*. Dans son *Histoire impartiale des Jésuites* et dans *Du droit d'aînesse*, l'auteur affirme ses idées antilibérales. À la fin de la même année, Balzac prend la décision de cesser la littérature commerciale. Il se fait libraire avec l'éditeur Canel

COMPRENDRE
LA LITTÉRATURE

HONORÉ DE BALZAC

Ferragus

Étude de l'œuvre

© Comprendre la littérature.

1 rue Honoré - 93500 Pantin.

ISBN 978-2-7593-1251-1

Dépôt légal : Juillet 2021

Impression Books on Demand GmbH

In de Tarpen 42

22848 Norderstedt, Allemagne

SOMMAIRE

BIOGRAPHIE DE BALZAC

pour publier des éditions bon marché de Molière et de La Fontaine, mais l'expérience tourne court. En 1826, Balzac est lâché par ses associés et se retrouve fortement endetté. En 1827, il tente de se renflouer en créant une fonderie de caractères, mais il fait face à un nouvel échec financier. Il obtient de l'aide auprès de Laure de Berny (1777-1836), qui sera le premier amour de l'auteur, à la fois amante et figure maternelle.

En 1828, ses finances sérieusement mises à mal par les faillites successives, Balzac se remet à l'écriture. Sous le modèle de Walter Scott, il rédige *Le Dernier chouan*, sur les guerres civiles de Vendée. Publié en 1829, le roman se fait vite remarquer. On le compare à *Cinq-Mars*, du comte de Vigny. Le succès lui sourit à nouveau à la publication de la *Physiologie du mariage* en décembre 1829. Le roman, qui défend l'égalité des sexes, plut notamment aux femmes. Suivent à partir de 1830 un certain nombre de nouvelles réunies sous le titre de *Scènes de la vie privée*.

Ayant signé un contrat avec *La Revue de Paris* qui l'engage à fournir des textes tous les mois, Balzac entre dans une période de grande production littéraire. Des récits fantastiques et philosophiques tels que *La Peau de chagrin*, publiée en 1831, lui apportent la célébrité. Balzac se fait une place parmi les figures reconnues de Paris, est introduit dans les salons littéraires et dépense son argent sans retenue. Il pénètre les milieux aristocratiques et se voit en homme politique. Il reçoit de nombreuses lettres d'admiratrices, dont celles de la Polonaise Ewelina Hanska, qui fera forte impression auprès de Balzac. L'auteur s'intéresse aux sciences occultes et s'inspire de la théorie de Lavater au sujet de la physiognomonie, une science qui suppose qu'on puisse associer les traits de caractère d'un individu à son physique.

Pour pouvoir se permettre le train de vie financier auquel il s'est habitué, Balzac écrit dans de nombreuses revues, telles que *La Revue de Paris*, *La Revue des deux Mondes*, *La Mode*, *La Silhouette* ou encore *La Caricature*. À la publication de l'Auberge rouge, en 1831, l'auteur ajoute pour la première fois une particule à son nom.

Balzac reprend ses *Scènes de la vie privée* avec la parution de *Gobseck* (1830) et *La Femme de trente ans* (1831). Il enchaîne avec les *Scènes de la vie parisienne* avec des romans comme *Le Colonel Chabert* (1832-1835), les *Scènes de la vie de province*, avec *Le Curé de Tours* (1832) et *Eugénie Grandet* (1833) et les *Scènes de la vie de campagne*, avec *Le Médecin de campagne* (1833). L'auteur commence à envisager le plan d'une œuvre colossale, qui constituera un regard d'ensemble sur toute une époque et sur toutes les classes de la société, suivant plusieurs destinées imbriquées.

En 1834 paraît *Le Père Goriot*. Ce roman constitue un tournant dans l'œuvre de l'auteur et amorce l'élaboration de *La Comédie humaine*. En effet, c'est dans *Le Père Goriot* que Balzac utilise son système de retour des personnages. Rastignac, découvert dans *La Peau de Chagrin*, est dépeint à nouveau, plus jeune et fraîchement arrivé à Paris. Balzac tient alors un moyen inédit d'unifier toute son œuvre, en y faisant reparaître régulièrement certains personnages clefs. L'auteur ressort ses anciens écrits, les retravaille, change quelques noms et quelques dates pour lier tous ses récits en une sorte de fresque littéraire. C'est la naissance du roman balzacien, et les publications vont alors s'enchaîner : *Le Lys dans la vallée* (1835-1836), *Histoire de la grandeur et de la décadence de César Birotteau* (1837), *La Maison Nucingen* (1838), *Le Curé de village* et *Béatrix* (1839), *Une ténébreuse affaire* (1841), *La Rabouilleuse* (1842), *Illusions perdues* (1843), *Splendeurs et misères de courtisanes* (1847), *La Cousine Bette* (1846) et *Le Cousin Pons* (1847), sont autant de romans qui entrent dans le schéma élaboré par Balzac. En 1845, l'auteur estime à 145 le nombre de textes de sa *Comédie humaine*, dont 85 sont déjà écrits. Mais Balzac est affaibli par des années de travail intensif et doit bientôt réduire sa production. À la mort de l'auteur, *La Comédie humaine* se composera de 90 titres publiés.

Après l'échec d'une tentative de fondation d'un journal, *La Chronique de Paris*, Balzac est plus endetté que jamais. L'arrivée du roman-feuilleton offre à l'auteur un nouveau support tout en lui permettant de toucher un nouveau public. Il abandonne le conte philosophique pour se consacrer au romanesque, qu'il utilise comme un moyen de se livrer à une étude du réel. Paraîtront alors en feuilleton un certain nombre de textes, comme *César Birotteau* (1837), *Une fille d'Ève* (1838-1839), *Pierrette* (1840) ou encore *Une ténébreuse affaire* (1841).

À la fin de l'année 1838, Balzac adhère à la Société des gens de lettres, une association qui a pour but de défendre les intérêts moraux et juridiques des auteurs. Il deviendra président de l'association le 16 août 1839, et président honoraire en 1841.

En 1840, Balzac réitère ses tentatives à l'élaboration d'un journal avec La Revue parisienne, où il publie *Z. Marcas*, nouvelle qui sera plus tard intégrée aux *Scènes de la vie politique* de *La Comédie humaine*. *La Revue Parisienne* signe un nouvel échec commercial pour l'auteur : elle cessera d'être imprimée au bout de trois parutions.

En 1841, Balzac signe un contrat de publication pour son œuvre *La Comédie humaine*. Celui-ci prévoit un total de dix-sept volumes, dont la parution doit s'échelonner entre 1842 et 1848. C'est l'occasion pour l'auteur de classer ses romans et de mettre à jour cette fresque de la société imaginée par l'auteur.

Toujours en manque d'argent, Balzac s'essaie de nouveau au théâtre avec *Vautrin*, jouée en 1840, mais interdite dès le lendemain, ou *Les Ressources de Quinola* (1842). Il publie aussi de nouveaux romans : *Un début dans la vie* (1842), *Albert Savarus* (1842), *Honorine* (1843), *La Muse du département* (1843), *Modeste Mignon* (1844), *Splendeurs et misères des courtisanes* (1847).

À partir de 1847, le rythme de production de l'auteur ralentit. Balzac est épuisé par son train de vie et manque d'inspiration. Il consacre son énergie à une nouvelle obsession : celle de pouvoir épouser Mme Hanska, à qui il a fait la cour pendant dix-huit ans par correspondance. Il ne publiera que deux écrits en 1848 : la pièce *La Marâtre* puis *L'Envers de l'histoire contemporaine*. Après cela, Balzac cesse complètement d'écrire. Le 14 mars 1850, après un séjour en Ukraine qui l'a affaibli un peu plus, Balzac peut enfin célébrer son mariage avec Mme Hanska. Mais la santé de l'auteur ne fait que se dégrader. Le 21 mai 1850, le couple revient à Paris. Balzac est soigné pour un œdème généralisé. Alors qu'il agonisait dans son lit, l'auteur aurait appelé à son chevet Horace Bianchon, son personnage de médecin dans *La Comédie humaine*. Honoré de Balzac meurt le 18 août 1850. Victor Hugo, qui fut son dernier visiteur, prononcera son oraison funèbre. Une grande foule se réunit pour les funérailles du romancier, avec parmi elle Alexandre Dumas et le ministre de l'Intérieur de l'époque.

La veuve de Balzac se chargera des dernières œuvres inachevées de l'auteur, les faisant compléter et éditer à titre posthume. *Le Député d'Arcis*, débuté en 1847, paraît en 1854. *Les Paysans* sont publiés en 1855 et *Les Petits bourgeois* en 1856.

PRÉSENTATION DE FERRAGUS

Ferragus est un roman d'Honoré de Balzac, édité pour la première fois en volume chez Charles-Béchet en avril 1834. Le roman paraît d'abord en plusieurs parties dans *La Revue de Paris* : le 10 mars 1833 est publiée la Préface à *L'Histoire des treize*, le 17 mars paraissent les deux premières parties de *Ferragus* : « Mme Jules » et « Ferragus ». La troisième partie, « La femme accusée » est publiée le 31 mars. La quatrième et dernière partie, « Où aller mourir » sera publiée dans un fascicule indépendant de la revue au mois d'avril 1833. *Ferragus* est le premier tome de la trilogie *L'Histoire des Treize*. Les deux tomes suivants, *La Duchesse de Langeais* et *La Fille aux yeux d'or* seront publiés en 1834 et 1835. Lors de sa parution en volume, l'ensemble de *L'Histoire des treize* est placée dans le Tome II des *Scènes de la ville parisienne* et le Tome X des *Études de mœurs* de *La Comédie Humaine*.

L'action de *Ferragus* a lieu en 1819, durant la Restauration. On suit d'abord le personnage d'Auguste de Maulincour, un officier de cavalerie issu de la noblesse et secrètement amoureux de Clémence Desmarets. À la moitié du roman, cependant, le point de vue change et le récit se concentre sur Jules Desmarets, le mari de Clémence amené à douter de la fidélité de sa femme. Bien que présenté dans la préface comme une partie de *L'Histoire des treize*, les allusions à cette société secrète sont très discrètes et n'ont que peu d'incidence dans l'intrigue, dont l'intérêt réside dans l'étude de mœurs et le drame intime qui se joue dans le couple des Desmarets.

Les Treize sont en réalité les membres de la compagnie des Dévorants, une société mystique chrétienne. Ces hommes de l'ombre sont décrits comme au-dessus des lois sociales et morales : « Ce furent treize rois inconnus, mais réellement rois, et plus que rois, des juges et des bourreaux qui, s'étant fait des ailes pour parcourir la société de haut en bas, dédaignèrent d'y être quelque chose, parce qu'ils y pouvaient tout. » Dans

Ferragus, leurs interventions sont d'ordre presque surnaturel et diabolique : ils ont recours à des voies incompréhensibles pour causer la mort d'Auguste et semblent capables d'absolument tout, sans jamais se compromettre eux-mêmes.

L'intrigue de *Ferragus* tourne autour d'une femme, Clémence, des secrets qu'elle dissimule et des soupçons dont elle fait l'objet. Balzac décrit un couple parfait, celui des Desmarets, avant de montrer comment le doute, introduit dans le cœur de Jules Desmarets, va finir par les détruire. Clémence finira par succomber sous le poids des soupçons de son mari à son égard, cela alors même qu'elle est parfaitement innocente. À cette intrigue romantique aux nombreuses péripéties dramatiques s'ajoute une description réaliste du Paris du XIXe siècle, de ses mœurs bourgeoises et capitalistes aux bas-fonds sordides de la capitale.

Ferragus est une œuvre charnière dans l'œuvre de Balzac. Il s'agit en effet de la première expérimentation que fera l'auteur du retour des personnages dans plusieurs romans. On retrouvera le personnage de Ferragus dans *La Fille aux yeux d'or* et le nom d'Auguste de Maulincour sera évoqué dans *La Duchesse de Langeais* et *Le Contrat de mariage*. Avec le projet de *L'Histoire des Treize*, Balzac crée pour la première fois un roman dans le but d'en faire la partie d'un tout, annonçant le développement prochain de sa *Comédie Humaine*.

RÉSUMÉ DE L'OEUVRE

Préface

Treize hommes, que tout opposait, ont œuvré dans l'ombre et eu une incidence notable sur le destin de la société, sans que personne n'entende jamais parler d'eux. Ces treize hommes ont finalement été séparés, leur compagnie dissoute. Le narrateur explique avoir obtenu la permission de raconter certaines des aventures de ces anonymes, donnée par l'un des treize. *Ferragus* est le premier épisode de l'histoire des Treize. Ferragus est le nom d'un chef des Dévorants. Il s'agit d'une compagnie mystique qui rassemble une communauté ayant acquis une grande influence sur la société parisienne. Ces treize hommes étaient animés par la même soif d'aventure et de pouvoir.

Chapitre 1 : Madame Jules

La rue Soly est l'une de ces rues de Paris réputées infâmes, où aucune femme ne peut se rendre sans mettre sa réputation en péril. Un soir, un jeune homme, officier dans la garde royale, marchait dans cette rue quand il s'est soudain aperçu que la femme devant lui n'était autre que Madame Jules, une jeune femme mariée dont il est secrètement amoureux. Il est saisi d'effroi en imaginant ce qui a pu amener cette femme, si pure, douce et vertueuse, à se retrouver dans une telle rue. Il la voit finalement entrer dans une maison d'apparence sale et vulgaire. Le jeune homme la regarde par la fenêtre alors qu'elle entre dans l'un des appartements, puis il reste à attendre dans la rue, ne pouvant admettre que cette femme est bien celle qu'il croit. Quand la femme ressort, il la suit jusqu'à la voir entrer dans son hôtel particulier, ce qui dissipe tous ses doutes sur son identité. Le jeune homme, désespéré de voir s'effondrer tout ce qu'il croyait savoir sur cette femme qu'il aimait si fortement, rentre chez lui et laisse éclater son chagrin. Le jeune homme se nomme Auguste de Maulincour, il s'agit de l'héritier d'une famille noble qui, a vingt-trois ans, occupe la position prestigieuse de chef d'escadron dans la garde royale.

En s'apercevant de la fausseté de la femme qu'il aimait tant, et dont il admirait la vertu alors qu'elle n'en a en réalité aucune, Auguste se sent trahi. Il décide de se venger. Il se rend au bal organisé par Madame de Nucingen dans l'espoir de l'y trouver. Madame Jules est bien là, avec son mari Jules Desmarets. Ce dernier est tombé amoureux de Clémence alors qu'elle n'était qu'une jeune fille sans fortune et sans nom, et l'a très vite épousée. Dès lors, protégé secrètement par la marraine de Clémence, Jules Desmarets a fait fortune. Le couple, très heureux et uni par une grande passion, suscite l'admiration et l'envie dans tout Paris. Auguste s'est approché de Madame Jules et, au détour d'une conversation, lui demande ce qu'elle faisait rue Soly. La jeune femme lui adresse un regard innocent et feint de ne pas comprendre. La fête terminée, Auguste rentre chez lui et se promet de tout découvrir au sujet de ce mystère.

Chapitre 2 : Ferragus

Auguste de Maulincour se lance dans une enquête dans tout Paris, allant déguisé dans les rues les moins recommandables. Un jour qu'il s'est abrité d'une averse sous un porche, il découvre à ses côtés un homme d'allure singulière. Aussi mal habillé et sale qu'un mendiant, l'homme arbore pourtant une expression hautaine et méprisante. Il semble avoir dans les soixante ans. Lorsque la pluie cesse, l'inconnu s'éloigne, laissant tomber une lettre de sa poche. Auguste la ramasse et y lit l'adresse : rue de Soly. Songeant que cet homme doit habiter la maison où il a vu entrer Madame Jules, Auguste décide de garder la lettre, qui lui servira d'excuse pour entrer là-bas. La lettre est écrite par une certaine Ida et adressée à Henri Ferragus. La femme explique son désespoir d'avoir été abandonnée par son amant et lui expose son projet de mettre fin à ses jours. Auguste se rend à la maison de la rue Soly et demande à voir M. Ferragus. Un homme, celui rencontré sous le porche, lui ouvre la porte, et derrière lui Auguste découvre Madame Jules. Ferragus prend la lettre que lui rend Auguste et le congédie sèchement. Auguste décide de rendre visite à Madame Jules sans tarder, mais dans les jours qui suivent il est deux fois victime d'accidents suspects qui manquent de le tuer. Auguste se renseigne et apprend qu'on a effective-ment tenté de l'assassiner en trafiquant habilement son fiacre. Inquiet, il se terre chez lui et fait part de ses soupçons à un commandant de police qui promet d'enquêter discrètement sur le mystérieux Ferragus.

Quelques jours plus tard, le commandant annonce à Au-guste le vrai nom de Ferragus : Gratien Bourignard. Il s'agit d'un ancien chef de la compagnie des Dévorants, un séduc-teur qui aime jouer et se déguiser. Peu après, Auguste se rend à une fête, mais se retrouve à devoir accepter un duel avec le marquis de Ronquerolles, après une parole malheureuse qui l'a offensé. Auguste est suspicieux : cette affaire a-t-elle été orchestrée par Ferragus ? Il en a la confirmation quand le marquis le touche entre les côtes et le blesse. Alors qu'Au-guste se remet de sa blessure, sa grand-mère lui rend visite et lui montre une lettre qu'elle a reçue d'un certain F, qui accuse le jeune homme d'avoir espionné Madame Jules et affirme qu'Auguste s'est placé dans une position où seule sa mort pourra racheter ses fautes. Auguste prévient la police de ces menaces, il poursuit Ferragus et le voit quitter le bal en ricanant. On lui explique que cet homme est Monsieur de

Funcal, un riche portugais. Auguste remarque Madame Jules dans l'assistance et vient lui rendre compte des attaques commises contre lui. Lorsque Monsieur Jules demande à savoir ce qu'il se passe, Auguste lui propose de lui rendre visite chez lui pour avoir toutes les explications.

Chapitre 3 : La femme accusée

Madame Jules et son mari sont tous deux dans la voiture qui les ramène chez eux. Jules veut savoir ce qu'a voulu dire Auguste de Maulincour. Clémence lui explique qu'elle ne sait pas ce qu'Auguste a voulu dire, mais qu'elle a appris qu'il lui vouait une passion secrète depuis quelque temps. Peut-être tente-t-il de semer le soupçon dans leur couple dans l'espoir d'en profiter. Les deux époux rentrent chez eux et se mettent au lit. Au milieu de la nuit, Madame Jules se réveille et trouve son mari en pleurs près de la cheminée. Elle se précipite vers lui, inquiète, et il lui explique que les paroles d'Auguste ont jeté sur son cœur un soupçon qu'il ne parvient plus à chasser, et qui le fait beaucoup souffrir. Clémence lui assure qu'elle n'a jamais aimé que lui et le conjure d'oublier les paroles d'Auguste. Elle affirme que s'il devait continuer à la soupçonner ainsi, elle en mourrait.

Jules a résolu de ne pas aller voir M. de Maulincour, mais le lendemain, il tombe sur lui en allant à la Bourse. Auguste lui raconte tout ce qu'il sait. Monsieur Jules rentre chez lui et interroge Clémence. Il découvre qu'elle est sortie, mais elle refuse de lui dire où elle est allée et lui demande de lui faire confiance. C'est alors qu'arrive chez eux une jeune femme qui dit s'appeler Ida et accuse Madame Jules de vouloir lui voler l'homme qu'elle aime. Jules réplique que c'est impossible et que Henri Ferragus est mort. Mais Ida affirme l'avoir vu la veille ; elle a aussi surpris Clémence alors qu'elle se rendait chez Ferragus le jour-même. Jules est anéanti. Ida refuse de lui donner l'adresse de Ferragus et finit par partir. Jules retrouve sa femme en pleurs dans sa chambre. Elle affirme ne pouvoir lui dire la vérité, que c'est un secret de vie et de mort, mais elle promet qu'elle n'est pas la maîtresse de Ferragus. Elle demande à Jules de lui accorder deux jours, après quoi elle lui expliquera tout.

Le lendemain, Monsieur Jules quitte la maison et va chez M. de Maulincour. Il apprend qu'il est très malade et est reçu par la baronne de Maulincour, la grand-mère d'Auguste. Jules veut lui remettre la lettre qu'il a reçue d'elle la veille, et où elle lui expliquait qu'Auguste était atteint d'une maladie mentale et qu'il ne fallait pas croire un mot de ce qu'il dirait. La baronne affirme cependant ne jamais avoir envoyé de lettre. Elle laisse Jules aller voir Auguste pour constater qu'il est encore sain d'esprit. Monsieur Jules demande à Auguste où habite Ferragus. En voulant parler à son enquêteur, Justin, Auguste apprend qu'il est mort, écrasé par une voiture. Jules rentre chez lui et s'aperçoit que sa femme est partie. Un peu plus tard, il intercepte une lettre déposée pour sa femme, mais découvre qu'elle est écrite en chiffres. Jules a l'idée de demander l'aide de son ami Jacquet, qui travaille aux Affaires Étrangères. Jacquet décode le message et Jules découvre son contenu avec stupeur. Ferragus y affirme tout son amour pour Clémence et lui donne rendez-vous le lendemain matin à l'adresse où il réside. Monsieur Jules se rend à l'adresse indiquée, chez Étienne Gruget, qui n'est autre que la mère d'Ida. Jules propose à la veuve Gruget une somme d'argent importante si elle lui permet de se cacher chez elle de manière à entendre la conversation entre l'homme qu'elle héberge et la femme qui viendra le voir le lendemain. La veuve Gruget accepte et Jules rentre chez lui, où Clémence lui promet de tout lui expliquer dès le lendemain midi.

Chapitre 4 : Où aller mourir ?

Le lendemain matin, Jules retourne chez la veuve Gruget, qui le cache dans une pièce attenante à la chambre de Ferragus, d'où il peut l'observer par un trou pratiqué dans le mur. Clémence arrive bientôt et Jules découvre enfin la vérité : Ferragus est le père de sa femme. C'est un criminel qui a été forcé de se cacher jusqu'ici et qui n'a été réuni avec sa fille qu'il y a peu de temps. Ses amis lui ont trouvé une identité à endosser, qui lui permettra de réintégrer une place dans la société : celle du comte de Funcal. Alors que le père et la fille discutent, un cri retentit. Clémence se précipite, découvre son mari dans la pièce d'à côté et s'enfuit. C'est Mme Gruget qui a crié, elle montre à M. Jules une lettre d'Ida où elle annonce son intention de se suicider. Jules conseille à Mme Gruget de demander l'aide de Ferragus pour sauver sa fille s'il en est temps, puis il quitte la maison. Il s'en veut d'avoir douté de sa femme, qui lui est toujours restée fidèle. Il finit par rentrer chez lui et trouve Clémence au lit, frappée de fièvre. Les émotions fortes des derniers jours l'ont gravement atteinte, le médecin appelé à son chevet annonce qu'elle a peu de chances de s'en remettre.

Jules reste auprès d'elle pendant onze jours, à espérer la voir se rétablir. Un jour que Clémence se sent mieux, Jules part rendre visite à M. de Maulincour et le trouve affreusement vieilli, faible et agonisant. Il subit les effets du poison inoculé par Ferragus. Jules rentre chez lui pour découvrir que l'état de sa femme a empiré à nouveau. Elle remet une lettre à Jules et meurt peu de temps après. Jules lit la lettre, où Clémence lui raconte son histoire. Elle a été élevée par sa mère, qui lui a avoué peu avant sa mort qu'elle était la fille d'un exilé se cachant à Paris. Clémence a promis à sa mère de rendre visite à son père, en secret. De peur que Jules ne la rejette en apprenant ses origines, elle a préféré ne rien lui dire. Après avoir lu la lettre, Jules revient dans la chambre de sa femme. Il trouve son ami Jacquet et Ferragus tous deux au chevet de Clémence. L'enterrement a lieu et le convoi jusqu'au cimetière se compose de treize voitures avec un homme dans chacune.

Jules a pris la décision de faire brûler le corps de sa femme pour en garder les cendres auprès de lui, il demande à Jacquet de prendre les dispositions nécessaires. Mais après s'être battu longtemps avec la bureaucratie, Jacquet finit par avouer à Jules qu'il devra renoncer à faire brûler Clémence. Jules décide d'aller rendre visite à la tombe de Clémence, en compagnie de Jacquet. Ils croisent le convoi d'enterrement de Monsieur de Maulincour, décédé peu après sa grand-mère. Dans un autre coin de Paris, le corps d'une jeune fille vient d'être repêché dans la scène. Il s'agit d'Ida Gruget. Quelques jours plus tard, un homme vêtu de noir remet au concierge de M. Jules une urne contenant les cendres de sa femme.

Conclusion

Un jour que Jules se déplace en calèche dans Paris, il remarque un vieillard, appuyé sur une canne et occupé à regarder une partie de boules, l'œil éteint et l'air morne. Il reconnaît dans ce vieil homme le père de Clémence, Ferragus.

LES RAISONS

DU SUCCÈS

LES RAISONS

DU SUCCÈS

Le XIXe siècle est principalement marqué par le mouvement romantique, dont Victor Hugo est l'un des principaux représentants. Avec des romans tels que *Les Misérables* (1862) ou *Notre-Dame de Paris* (1831), l'auteur a développé et rendu célèbres les caractéristiques de ce courant. Apparu en 1820, le romantisme se veut une littérature centrée sur le sentiment. Il s'intéresse à des thèmes tels que ceux de l'amour, du doute et de la mélancolie. Il présente souvent des personnages en proie à une destinée qui les dépasse. Le romantisme est notamment développé par Chateaubriand (1768-1848) avec ses *Mémoires d'outre-tombe* publiées en 1850. Mais c'est le poète Lamartine (1790-1869) qui apportera véritablement le romantisme en France avec la publication des *Méditations poétiques* en 1820. Alfred de Musset (1810-1857) s'inscrira aussi dans ce mouvement avec *La Confession d'un enfant du siècle*, parues en 1836 et inspirées de sa rupture difficile avec George Sand.

Ferragus offre une intrigue romantique dans laquelle l'amour tient une place centrale. Amour impossible, d'abord, éprouvé par Auguste de Maulincour pour Clémence Desmarets. Un amour pur qui tourne à l'obsession tout en se teintant de mépris et de haine. Amour parfait, ensuite, entre les époux Desmarets. Leur couple est réputé unique et exceptionnel : « La passion profonde des deux époux l'un pour l'autre, et qui résistait au mariage, obtenait dans le monde le plus grand succès, quoiqu'elle contrariât plusieurs femmes. Le joli ménage était respecté, chacun le fêtait. L'on aimait sincèrement monsieur et madame Jules, peut-être parce qu'il n'y a rien de plus doux à voir que des gens heureux ; mais ils ne restaient jamais long-temps dans les salons, et s'en sauvaient impatients de gagner leur nid à tire-d'aile comme deux colombes égarées. » Amour paternel, enfin, éprouvé par Ferragus pour sa fille Clémence, à qui il exprime son affection dans des termes très forts : « Est-ce moi enfin, moi qui ne respire que par ta bouche, moi qui ne vois que par tes yeux, moi qui ne sens que par ton cœur, est-ce moi qui ne saurais pas défendre avec des ongles de lion, avec l'âme d'un père, mon seul bien, ma vie, ma fille ? »

Ferragus dépeint ainsi plusieurs exemples d'amours exceptionnels, par leur caractère vertueux ou durable. Les Desmarets sont heureux à la fois en amour et en affaires, ce qui fait d'eux un phénomène encore plus rare dans la société parisienne. Jules Desmarets est décrit comme un héros romantique aux qualités exacerbées. Son amour pour Clémence est pur et désintéressé. Il lui voue une confiance totale et lorsque, malgré lui, le doute commence à l'envahir, cela le fait énormément souffrir. Clémence, quant à elle, est l'image de l'héroïne chaste et noble, prête à se sacrifier pour préserver à la fois son époux et son père. Elle est innocente de toute mauvaise action et reste fidèle à ses proches jusqu'au bout. Sa mort est celle d'une héroïne romantique ayant succombé à des émotions trop fortes.

L'intrigue de *Ferragus* s'articule autour de scènes de passions violentes entre Jules Desmarets, torturé par ses soupçons, et Clémence, déchirée entre son amour pour son époux et le devoir de garder le secret de son père. Le destin de ce couple parfait, qui va se voir détruit par le poids des secrets et du doute, porte en lui quelque chose de tragique. Clémence finira par mourir, incapable de supporter les soupçons de son mari, et Jules Desmarets se retrouvera condamné à une vie solitaire et malheureuse.

Le romantisme du texte est aussi prouvé par l'accumulation des péripéties sans se soucier de verser parfois dans les incohérences. On peut se demander, par exemple, comment Ferragus a pu inoculer le poison à Auguste de Maulincour sans être contaminé lui-même, ou encore pourquoi l'ancien forçat a attendu si longtemps avant d'effacer les marques sur ses épaules. Ces invraisemblances sont courantes dans les œuvres romantiques où la cohérence n'est pas le souci principal : ce que cherche en priorité l'auteur, c'est à émouvoir son lecteur.

Balzac n'a cependant jamais été un auteur romantique à part entière, trop préoccupé par les questions sociales et morales des mœurs parisiennes. Dans *Ferragus*, l'auteur s'éloigne des caractéristiques romantiques dans son refus de décrire les débordements d'émotion qu'on attendrait de ce genre de romans lors de scènes clefs telles que la mort de Clémence. Celle-ci est en effet rapidement traitée, sans effusion de larmes : « Elle voulait lui donner dans un baiser son dernier souffle de vie, il le prit et elle mourut. » Il ne nous est pas non plus donné de voir la réaction de Jules à la lecture de la lettre de Clémence. Cette dernière est simplement qualifiée de « l'une de ces frénésies dont il est impossible de rendre les effroyables crises ». Mais le désir de l'auteur de s'éloigner des caractéristiques romantiques se retrouve surtout dans le personnage d'Ida Gruget. Cette dernière porte en effet en elle toute la grandiloquence et tous les sentiments d'amour infini que l'on attend chez une héroïne romantique, mais les émotions du personnage sont tournées en dérision par les fautes d'orthographe dont sont parsemées ses lettres d'amour. Ida devient alors un personnage pitoyable et ridicule.

Balzac emploie le même ton ironique pour décrire le cimetière du Père-Lachaise, qui tourne en dérision les débordements d'émotion dont on peut être témoin dans ce lieu : « Il y a là de bons mots gravés en noir, des épigrammes contre les curieux, des *concetti*, des adieux spirituels, des rendez-vous pris où il ne se trouve jamais qu'une personne, des biographies prétentieuses, du clinquant, des guenilles, des paillettes. » Le sarcasme de l'auteur se pressent aussi dans la description du gardien du cimetière : « Pour lui, la douleur n'est plus qu'une pierre de onze lignes d'épaisseur et de quatre pieds de haut sur vingt-deux pouces de large. »

La deuxième moitié du XIXᵉ siècle voit l'émergence du mouvement réaliste en France. En réaction à la grandiloquence du romantisme, les auteurs expriment leur désir de ramener la littérature à quelque chose de plus vrai. Leurs romans deviennent alors le résultat d'une observation minutieuse de la vie réelle. Le réalisme a pour objectif d'étudier les mœurs d'un milieu en toute objectivité, allant parfois jusqu'à s'inspirer de faits divers. Les maîtres à penser de ce mouvement furent Flaubert (1821-1880), Stendhal (1783-1842) ou encore Balzac (1799-1850). Gustave Flaubert croit en la nécessité de refléter la réalité en littérature et contribue au courant réaliste avec des romans comme *Madame Bovary* (1857), *Salammbô* (1862) ou encore *Bouvard et Pécuchet* (1881). Balzac est considéré comme le précurseur du réalisme, dont il a créé les principes fondateurs dans les premiers romans de *La Comédie humaine*, où il s'est attaché à recréer la société française de son époque. *Gobseck* (1830), premier roman des *Scènes de la vie privée*, constitue une étude de mœurs précise et détaillée, avec le souci de coller au plus près à la réalité. C'est cette obsession de la vraisemblance qui établira les bases du mouvement réaliste.

Dans *Ferragus*, Balzac cherche à retranscrire Paris le plus fidèlement possible en utilisant les noms de rues et certains lieux emblématiques. Dans la postface de la première édition du roman, Balzac citera Walter Scott en ces termes : « Les écrivains n'inventent jamais rien », avant d'ajouter : « Les détails appartiennent même rarement à l'écrivain, qui n'est qu'un copiste plus ou moins heureux. »

En même temps qu'il décrit la capitale, il relie le paysage à ses valeurs sociales. Les bas-fonds de Paris sont particulièrement représentés avec les descriptions de la rue Soly ou de la rue des Enfants-Rouges. La souillure et la misère de ces quartiers sont soulignées avec insistance : « Un rayon de lumière […] faisait ressortir la poussière, la graisse, et je ne sais quelle couleur particulière aux taudis parisiens, mille saletés qui encadraient, vieillissaient, tachaient les murs humides. » À travers ces descriptions de saleté et de désordre, Balzac dresse le lien avec la souillure morale des habitants des bas-fonds. Le roman renvoie à la vision qu'a l'auteur de la classe ouvrière parisienne, mise à l'écart de la société et où règne une certaine violence primitive. C'est le lieu des transgressions, des secrets et des machinations criminelles. Celui où une femme ne peut se rendre sans mettre en danger sa réputation, celui où le forçat Ferragus se cache de la loi et fomente ses tentatives de meurtre envers Auguste. Ferragus semble le produit même de ces quartiers où règne le désordre et l'anarchie et où les lois de la société n'ont plus cours. Les bas-fonds de Paris servent d'ailleurs de lieu de renaissance pour Ferragus, qui y efface la marque de son passage au bagne pour se transformer en comte respectable et réintégrer la société.

Ferragus est donc un roman où la ville de Paris occupe une place à part entière, et où Balzac s'attache à décrire non seulement sa géographie mais aussi le mode de vie de la société parisienne dans son ensemble. Le roman devient un guide du Paris de la Restauration, des hôtels particuliers bourgeois aux taudis des prolétaires. Balzac décrit notamment les « cabajoutis », ces maisons caractéristiques des bas-fonds de la capitale : « Nom très significatif donné par le peuple de Paris à ces maisons composées, pour ainsi dire, de pièces de rapport. » L'auteur décrit la misère de ces quartiers avec « des logements occupés par des ouvriers, par de petits ménages, auxquels la place et l'air manquent ». À l'opposée, on découvre la petite bourgeoisie avec l'hôtel de la rue de Ménars, situé près de la Bourse, ou avec l'hôtel particulier des Maulincour situé faubourg Saint-Germain, rue de Bourbon.

Ferragus appartient aux *Scènes de la vie parisienne* de *La Comédie humaine*, une classification justifiée par la volonté de Balzac de montrer Paris dans toutes ses teintes : celles de la misère, de la finance ou de l'aristocratie. On assiste aux bals qui rassemblent la bourgeoisie à l'Élysée Bourbon, chez la duchesse de Berry ou chez le préfet de la Seine. La description parisienne inclus aussi des détails comme celui du fleuriste situé rue de Richelieu, ou des lieux symboliques comme le cimetière du Père-Lachaise.

À travers la correspondance de Balzac, on peut voir quel succès *Ferragus* a connu à sa sortie. Ainsi, le 23 mars 1833, alors que les deux premiers chapitres du roman viennent de paraître dans *La Revue de Paris*, son directeur, Amédée Pichot, écrit à Balzac : « Nos lecteurs sont palpitants sous le poids de la curiosité qui les oppresse ; je ne vous dissimule pas que vous avez un grand succès. »

Le romancier et nouvelliste Charles de Bernard (1804-1850) écrit à Balzac en avril 1833 : « *Ferragus* est une petite merveille qui m'a fasciné et empêché de dormir. » Zulma Carraud, une admiratrice de l'auteur, lui donne son avis sur le texte le 2 août 1833 : « *Ferragus* est superbe et il a des taches qu'il faut lui enlever, parce qu'elles dénotent de l'irréflexion et que cela ne vous va pas. [...] Hors la grisette, parfaite du reste en son genre, mais hors d'œuvre là, tout est admirable. »

Dans une lettre à Mme Hanska datée du 29 mai 1833, Balzac reconnaît lui-même le succès de *Ferragus* : « L'Histoire des treize a eu un succès extraordinaire dans ce Paris si insouciant et si occupé. » Il en viendra à considérer *Ferragus* comme l'un de ses meilleurs textes.

Les journaux font aussi l'éloge du roman de Balzac. *Le*

Bulletin de Censure, qui s'est proposé en 1845 d'analyser rétrospectivement toute l'œuvre de Balzac, reconnaît à *Ferragus* une place primordiale dans la composition de l'auteur : « Les souffrances intérieures de Mme Jules, l'héroïsme chrétien qui la rend résignée, sont exprimées avec un sentiment et une éloquence qui arrachent les larmes. C'est une des œuvres les plus saisissantes et les plus morales de M. de Balzac. »

En 1839, *La Presse* écrit « vous le savez aussi bien que nous, *Ferragus* est tout bonnement un chef-d'œuvre ; c'est le merveilleux des *Mille et une Nuits* transporté au milieu de la vie parisienne ; ce sont les plus incroyables aventures racontées avec une patience flamande et une observation imperturbable ; des portraits chimériques traités aussi minutieusement que les têtes les plus finies de Denner avec un sincère accent de vérité qui rend tout probable. »

La presse ne sera pas toujours des plus tendres à l'égard de *Ferragus* et de Balzac, cependant. En 1834 paraîtra dans *Le Charivari* une satire qui évoque les Treize de *Ferragus* pour écorner Balzac : « Le Sire de Balzac fait partie de cette terrible association des TREIZE, dont le chef, le farouche dévorant Ferragus, est mort d'un coup de stylet l'année dernière. On sait que rien n'est impossible pour les TREIZE, le bien comme le mal [...] Eh bien ! Malgré toute cette puissance, ils n'ont jamais réussi à faire vendre les Contes drolatiques. »

En janvier 1834, dans *La Revue de Paris*, Jules Janin évoque Balzac avec ironie au sujet de la littérature facile : « comment trouvez-vous les bons contes de Balzac ? Ceux-là sont vifs, animés, bien commencés, bien intrigués. Trouvez-vous un conte plus intéressant que la première partie de l'Histoire des Treize ? [...] Depuis quelque temps, M. de Balzac a renoncé à la littérature facile et ne fait plus de contes, il ne fait plus que des romans, et quels romans ! Des romans d'économie politique ! »

On peut noter une ressemblance entre le roman de Balzac est les codes d'une tragédie grecque dans le choix de la dénomination des personnages, notamment. En effet, ceux-ci sont presque toujours désignés par leur prénom, et la plupart ont une consonance gréco-latine qui renvoie à l'Antiquité : Auguste, Ferragus, Jules, Clémence, Ida. *Ferragus* s'apparente à une tragédie qui dépeint tout un réseau de relations amoureuses vouées à la fatalité : Auguste aime Clémence, qui est mariée à Jules. Jules aime Clémence, qui semble aimer Ferragus. Ida aime Ferragus, qui lui préfère Clémence. La main de la fatalité qui se pose sur les personnages est celle de la dégradation inévitable de toutes choses, représentée comme le fléau de la société moderne. Que ce soit l'amour pur d'Auguste pour Clémence ou l'union idéale entre Jules et Clémence, tous sont voués à la destruction.

On peut sentir dans *Ferragus* l'influence d'Ann Radcliffe (1764-1823), romancière britannique considérée comme l'une des inventrices du roman gothique. Balzac a déjà copié le style de Radcliffe en 1822 dans *L'Héritière de Birague*, une œuvre de jeunesse où, sous le pseudonyme de Lord R'Hoone, l'auteur reprend les codes du roman noir jusqu'à l'excès. Dans la préface de *Ferragus*, Balzac se défend d'user des techniques invraisemblables du roman noir « un auteur doit dédaigner de convertir son récit, quand ce récit est véritable, en une espèce de joujou à surprise, et de promener, à la manière de quelques romanciers, le lecteur, pendant quatre volumes, de souterrains en souterrains, pour lui montrer un cadavre tout sec, et lui dire, en forme de conclusion, qu'il lui a constamment fait peur d'une porte cachée dans quelque tapisserie, ou d'un mort laissé par mégarde sous des planchers ». Malgré cela, l'auteur n'en use pas moins de certains codes du roman noir de l'époque, avec notamment un certain nombre de morts suspectes ou tragiques, ou une description lugubre et menaçante des rues sordides de Paris où l'on peut craindre de voir naître « le drame le plus effroyablement terrible, un drame plein de sang et d'amour, un drame de l'école moderne ».

Une autre influence de Balzac dans la rédaction de *Ferragus* est celle d'Hoffmann et de ses *Contes fantastiques*. C'est en lisant ces contes que Balzac s'est trouvé un goût pour le genre fantastique, mais avec la volonté de créer un fantastique au cœur du réalisme, une description fantasmagorique de Paris, non pas portée par le surnaturel mais par la réalité dans tout ce qu'elle a d'étrange ou d'extravagant. Balzac a d'ailleurs failli intituler sa préface à *Ferragus* : « Préface dans le goût d'Hoffmann », et dans *La Revue de Paris*, son texte était précédé de cette phrase résumant la volonté de l'auteur : « Personne encore ne nous a raconté quelque aventure parisienne comme il en arrive dans Paris, avec le fantastique de Paris, car je soutiens qu'il y a beaucoup de fantastique dans Paris. »

Dans son appartenance à la comédie de mœurs et l'analyse de la société bourgeoise, *Ferragus* semble aussi avoir été influencée par *La Princesse de Clèves* de Mme de La Fayette, paru en 1678. Les deux romans évoquent le thème de la jalousie entre amants, ainsi que celui des conséquences du doute lorsqu'il s'est instillé dans les esprits. La princesse de Clèves et Clémence partagent le même refus de se mêler à la société. Ainsi, quand la princesse désire s'éloigner de la cour, Clémence s'exclame : « Oh ! Je hais cordialement le monde. Nous sommes si heureux sans lui ! Pourquoi donc l'aller chercher ? » L'une des scènes de *Ferragus* renvoie aussi directement à *La Princesse de Clèves* : celle où Jules Desmarets espionne sa femme à travers un trou dans le mur, chez la veuve Gruget. Le duc de Nemours observe la princesse de Clèves de la même manière, dissimulé derrière une fenêtre.

On peut remarquer les ressemblances entre Ferragus et Vautrin, personnage majeur de *La Comédie humaine* apparu pour la première fois en 1834 dans *Le Père Goriot*. Comme Ferragus, Vautrin est un forçat évadé du bagne. Ferragus est l'ancien chef de la société des Dévorants, Vautrin est le chef des Dix-mille. Ces deux sociétés secrètes semblent posséder la même emprise sur la société et confèrent un certain pouvoir aux hommes qui la composent. Un autre point commun entre Ferragus et Vautrin est leur goût pour les déguisements et les identités multiples. Ainsi, Ferragus a plusieurs noms et peut se montrer aussi crédible en tant que mendiant des rues parisiennes qu'en tant que riche comte portugais. Vautrin démontre le même talent que Ferragus : dans *Illusions perdues* (1837-1843), il se montre sous l'apparence du prêtre espagnol Carlos Herrera. Grâce à un grand réseau de connaissances, Vautrin semble capable de tout. Au fil des romans où il apparaît (*Le Père Goriot*, *Illusions perdues*, *Splendeurs et misères des courtisanes*, *Le Député d'Arcis*), Vautrin endossera ainsi plusieurs noms : Trompe-la-Mort, M. de Saint-Estève, Carlos Herrera ou encore William Baker. Le personnage de Ferragus semble avoir été pour Balzac une première ébauche de cette figure importante de *La Comédie humaine*.

LES THÈMES
PRINCIPAUX

Avec *Ferragus*, Balzac offre une description précise de la société parisienne du XIXe siècle, en particulier la société bourgeoise, régie par l'argent et la réputation. Les Desmarets sont influents dans Paris parce qu'ils ont l'aisance financière, la réussite sociale et conjugale qui leur apporte le respect de leur entourage. La respectabilité est placée au-dessus de l'aisance financière, comme le prouve la situation de Ferragus : il semble disposer de ressources illimitées, à travers son affiliation avec les Treize, mais il ne peut se montrer devant Jules tant qu'il n'a pas acquis sa nouvelle identité, Clémence ayant trop honte d'un père forçat.

Ferragus a beau verser dans le roman noir, pour son auteur il s'agit avant tout d'une étude de mœurs, un drame domestique réaliste. Balzac entend montrer que les drames se déroulant dans la sphère privée peuvent être aussi terribles que ceux des romans noirs ou de la tragédie grecque. L'histoire des Desmarets, d'un amour passionné au point d'entraîner la mort dans son sillage, demeurera de l'ordre du privé et est vouée à tomber dans l'oubli. L'idée de sentiments violents exprimés dans l'intimité est souvent reprise dans *Ferragus*. Avec la voiture qui ramène les couples du bal, d'abord, et qui est le lieu de confrontations et de révélations. C'est dans la voiture qui ramène Clémence et Jules de leur soirée que la méfiance se distille pour la première fois entre les deux époux. Le narrateur remarque alors : « Dans ces élégants coupés qui reviennent du bal, entre minuit et deux heures du matin, combien de scènes bizarres ne se passe-t-il pas ? » L'autre lieu intime propice à l'expression des sentiments est la chambre des Desmarets, où les deux époux vont confronter leurs sentiments et leurs doutes profonds, et où Clémence finira par mourir.

Un autre thème présent dans *Ferragus*, et cher à l'auteur, est celui de l'idée obsessionnelle, qui finit par devenir destructrice. Chaque personnage possède sa propre obsession qui sera la cause de drames. C'est Auguste de Maulincour qui est à l'origine du désastre, parce qu'il éprouve cet amour secret pour Clémence et qu'il ne supporte pas l'idée qu'elle puisse ne pas être aussi pure qu'il l'imaginait. Même chose pour Jules Desmarets : une fois le doute et la méfiance instillés dans son esprit, il ne parvient plus à s'en défaire, et cela le ronge : « Les paroles que cet homme m'a dites ce soir m'ont frappé au cœur ; elles y sont restées malgré moi pour me bouleverser. » Ce soupçon à l'égard de sa femme le poussera à des actes indignes et honteux, et malgré tous ses efforts il ne pourra le faire taire, jusqu'à détruire Clémence et se détruire lui-même. Clémence est elle aussi hantée par une idée qui la terrorise : celle d'être rejetée à cause de ses origines. C'est cette crainte qui l'a poussée à ne rien dire à son mari au sujet de son père, à continuer à garder le silence même lorsqu'il a commencé à la soupçonner d'être infidèle. Cette idée est ce qui précipitera la mort de la jeune femme : « Je ne saurais étouffer la voix du doute. N'est-il pas possible que mon origine altère la pureté de ton amour, l'affaiblisse, le diminue ? Cette crainte, rien ne peut la détruire en moi. Telle est, Jules, la cause de ma mort. » Ferragus semble lui aussi avoir son obsession destructrice dans l'amour qu'il porte à sa fille. Les sentiments éprouvés par Ferragus pour Clémence semblent en effet démesurés : « Te perdre, ma fille, dit Ferragus, te perdre par la curiosité d'un misérable Parisien ! Je brûlerais Paris. Ah ! Tu sais ce qu'est un amant, mais tu ne sais pas ce qu'est un père. » La force de cet amour paternel est si grande qu'elle en inquiète Clémence : « Mon père, vous m'effrayez quand vous me regardez ainsi. » Par amour pour sa fille et pour la protéger, Ferragus se montre prêt à tout, même au meurtre. L'amour de Ferragus pour Clémence n'est pas sans revêtir une certaine ambiguïté. Confondu avec un amant par Auguste de Maulincour et par Jules, Ferragus exprime effectivement sa passion pour sa fille dans les mêmes termes que le ferait un amant : « Moi qui ne respire que par ta bouche, moi qui ne vois que par tes yeux, moi qui ne sens que par ton cœur », Ferragus sera, lui aussi, détruit par cette obsession pour sa fille : à la mort de Clémence, il dépérit jusqu'à n'être plus qu'un vieillard sénile. Ainsi, les obsessions des personnages sont à la fois le déclencheur de leur déchéance et ce qui causera finalement leur perte. Auguste, Jules, Clémence et Ferragus ne voient leurs actes motivés que par une idée fixe qui se fera l'instrument de leur destruction.

Parallèlement à sa volonté d'offrir une description réaliste de la société parisienne, Balzac offre une vision assez fantasmagorique de la capitale, qu'il décrit plusieurs fois comme une sorte de monstre chimérique : « Toutes les portes bâillent, tournent sur leurs gonds, comme les membranes d'un grand homard, invisiblement manœuvrées par trente mille hommes ou femmes, dont chacune ou chacun vit dans six pieds carrés, y possède une cuisine, un atelier, un lit, des enfants, un jardin, n'y voit pas clair et doit tout voir. Insensiblement les articulations craquent, le mouvement se communique, la rue parle. À midi, tout est vivant, les cheminées fument, le monstre mange ; puis il rugit, puis ses mille pattes s'agitent. »

Paris est décrite comme un lieu en perpétuel changement. En plus de la diversité des rues et des milieux, la ville est caractérisée par la notion de mouvement : « En ce moment donc, tout le monde bâtissait et démolissait quelque chose, on ne sait quoi encore. Il y avait très peu de rues qui ne vissent l'échafaudage à longues perches, garni de planches mises sur des traverses et fixées d'étages en étages dans des boulins. » Paris est souvent comparée à l'eau, dans son caractère insaisissable et changeant. Lorsqu'Auguste de Maulincour est surpris par une averse, la pluie est décrite longuement : « N'y a-t-il pas d'abord le piéton rêveur ou philosophe qui observe avec plaisir, soit les raies faites par la pluie sur le fond grisâtre de l'atmosphère, espèces de ciselures semblables aux jets capricieux des filets de verre ; soit les tourbillons d'eau blanche que le vent roule en poussière lumineuse sur les toits ; soit les capricieux dégorgements des tuyaux pétillants, écumeux. » Jules Desmarets exerce le métier d'agent de change, ce qui renvoie à la même idée du changement.

Les personnages semblent tous pris au piège de cette mécanique de changement de la ville. Auguste, qui aimait Clémence d'un amour pur et platonique, en vient à éprouver pour elle une obsession malsaine, corrompue après ce qu'il apprend sur elle. D'objet d'adoration chaste et pure, Clémence devient une vulgaire prostituée à ses yeux : « Il adorait madame Jules sous une nouvelle forme, il l'aimait avec la rage de la jalousie, avec les délirantes angoisses de l'espoir. Infidèle à son mari, cette femme devenait vulgaire. Auguste pouvait se livrer à toutes les félicités de l'amour heureux, et son imagination lui ouvrit alors l'immense carrière des plaisirs de la possession. » Auguste finit changé physiquement, dégradé au point d'être devenu méconnaissable.

Monsieur Jules, caractérisé par sa droiture et son amour pour sa femme, sombre dans le doute et la méfiance. Il s'avilit à l'espionner : « Sa vie, jusque-là si droite, si pure, devenait tortueuse ; et il lui fallait maintenant ruser, mentir. »

Par son statut de femme, Clémence est forcée d'être trompeuse, de dissimuler son vrai visage derrière des artifices : « Le mensonge devient donc pour elles le fond de la langue, et la vérité n'est plus qu'une exception, elles la disent, comme elles sont vertueuses, par caprice ou par spéculation. » C'est quand M. Jules n'est plus dupe de ces artifices et qu'il commence à chercher la vérité derrière la tromperie que Clémence dépérit et s'affaiblit jusqu'à en mourir.

Trois personnages sont présentés comme ayant un caractère noble et pur, mais sont par la suite pris dans une spirale de dégradation, morale ou physique. Le personnage de Ferragus se fait l'instrument de cette dégradation : il pousse Ida au suicide, provoque indirectement la mort de Clémence, empoisonne Auguste. Il finira lui aussi victime de cette dégradation, décrit à la fin comme un vieillard « pâle et flétri, sans soins de lui-même, distrait, il venait souvent nu-tête, montrant ses cheveux blanchis et son crâne carré, jaune, dégarni, semblable au genou qui perce le pantalon d'un pauvre. Il était béant, sans idées dans le regard, sans appui précis dans la démarche ; il ne souriait jamais, ne levait jamais les yeux au ciel, et les tenait habituellement baissés vers la terre, et semblait toujours y chercher quelque chose. […] Ce vieillard était quelque chose d'horrible à voir ».

La position d'agent de change de Jules, en plus de symboliser le caractère changeant de la capitale, permet une analogie entre son métier, qui consiste à accorder des crédits et donc sa confiance aux gens, et la situation dans laquelle il se retrouve vis-a-vis de son épouse. Clémence demande à Jules de lui accorder sa confiance, ou de lui en faire crédit le temps de quelques jours, promettant de lui révéler la vérité ensuite. Mais Jules se trouve incapable d'accorder à sa femme ce qu'elle demande, ce que Clémence lui reproche en ces termes : « Comment, toi qui fais crédit à tant de gens de leur fortune, tu ne me ferais pas l'aumône d'un soupçon ! » Le lien entre rapports émotionnels et rapports financiers est plusieurs fois repris dans le roman. Dans sa dernière lettre à Jules, Clémence écrit : « Pourquoi ne ferait-on pas des testaments pour les trésors du cœur, comme pour les autres bien ? » À une époque où le domaine de la Bourse et du crédit est en pleine expansion, ce roman de Balzac semble avertir sur la fragilité de la confiance prêtée et sur l'impossibilité de la renouveler une fois qu'elle est brisée.

ÉTUDE DU MOUVEMENT LITTÉRAIRE

Apparu en France au milieu du XIXe siècle, le réalisme est un mouvement à la fois pictural et littéraire. En réaction au romantisme qui mettait le sentiment en exergue au prix, parfois, de la vraisemblance, le réalisme s'efforce d'effectuer une reproduction la plus fidèle possible du réel. Le roman réaliste constitue une représentation du quotidien et s'intéresse à toutes les classes sociales. Les auteurs de ce mouvement se font observateurs avant tout : ils doivent décrire ce qu'ils connaissent, en toute objectivité, sans chercher à l'embellir. Le réalisme est une étude des mœurs de la société et des individus qui la composent. Dans leur souci du vrai et leur détermination à éviter toute recherche du spectaculaire ou de l'héroïque, les romanciers réalistes s'opposent aux mouvements historique, romantique ou lyrique. Plutôt que de se considérer comme un art, le roman réaliste s'inscrit dans un objectif scientifique. Plus qu'un simple divertissement, il se doit d'apporter quelque chose à la société. Cette recherche constante du vrai et de l'objectivité s'accompagne parfois d'une absence de style : le réalisme décrit la réalité telle qu'elle est, même lorsqu'elle est ordinaire, médiocre ou vulgaire. Le réalisme rejette aussi la technique du narrateur qui intervient dans l'histoire, et met en avant son personnage. Le roman est vu à travers son regard et son point de vue est le seul qui soit donné à l'auteur. La recherche du réel se traduit également par un récit précisément ancré dans l'espace, avec des descriptions de lieux très détaillées.

Le mouvement réaliste naît dans une période marquée par les bouleversements. La révolution industrielle provoque un développement de l'édition et de la presse, ces deux univers s'allient même dès 1836 pour créer les romans-feuilletons. La littérature devient alors plus universelle, elle peut toucher un plus grand nombre. En outre, l'apparition du prolétariat et des premières manifestations ouvrières deviennent une nouvelle source de préoccupation et d'inspiration pour les auteurs.

Le réalisme littéraire entretient une relation étroite avec la peinture. C'est d'ailleurs dans cet art que le réalisme a pour la première fois fait parler de lui, à travers le tableau de Gustave Courbet *Un enterrement à Ornans*. Le tableau suscita une polémique et on accusa le peintre de représenter le vulgaire et le laid. L'œuvre devint rapidement un manifeste du réalisme, duquel est né par la suite le réalisme littéraire.

En 1856 est lancée la revue *Réalisme*. Créée par le romancier Louis-Edmond Duranty (1833-1880). La revue critique le romantisme et la vision uniquement divertissante de la littérature. À propos de l'objectif de la revue, Duranty écrira : « Beaucoup de romanciers, non réalistes, ont la manie de faire exclusivement dans leurs œuvres l'histoire des âmes et non celle des hommes tout entiers. [...] Or, au contraire, la société apparaît avec de grandes divisions ou professions qui *font* l'homme et lui donnent une physionomie *plus saillante* encore que celle qui lui est faite par ses instincts naturels ; les principales passions de l'homme s'attachent à sa profession sociale, elle exerce une pression sur ses idées, ses désirs, son but, ses actions. »

Le réalisme s'est progressivement imposé dans le monde entier. Il apparaît d'abord en Allemagne, vers 1830, avant de se propager en Angleterre puis aux autres pays, jusqu'à la Russie et les États-Unis. Cependant, c'est en France qu'il aura la plus grande influence, grâce à un certain nombre d'auteurs investis dans ce mouvement. Balzac, Stendhal, Flaubert, Zola, Maupassant, Huysmans sont autant de noms qui ont contribués au développement du réalisme.

Alors que les mouvements précédents se faisaient souvent idéalistes, décrivant la vie comme elle devrait être, plus heureuse et plus juste, récompensant les gens honnêtes et braves et punissant les personnes mauvaises, le réalisme décrit le monde comme il est réellement, sans rien cacher. Il n'hésite pas à montrer la misère sociale des classes défavorisées dans des romans qui ont rarement une fin heureuse ou morale. Le réalisme est en cela pessimiste, mais dans une volonté d'ouvrir les yeux de la population, de lui faire prendre conscience de certains aspects de la société qui pourraient leur être inconnus.

Le réalisme se divise principalement en trois courants : le premier traite de la littérature comme d'un reportage journalistique, un état des faits totalement objectif. C'est la technique employée par Champfleury (1821-1889), qui était par ailleurs journaliste et qui fut l'un des défenseurs du réalisme. Le deuxième courant, représenté notamment par Flaubert, Baudelaire, et plus tard Proust, associe le critère du beau à celui du vrai. Le troisième courant est celui des œuvres engagées. Les romans ne sont pas préoccupés par l'art, ils ont une portée sociale, un message à faire passer. Le réalisme affirme ainsi un désir de dénoncer et de contribuer à une réformation de la société. C'est cette volonté qui fit des réalistes des écrivains polémiques qui verront souvent leurs œuvres soumises à des procès et censurées, comme ce fut le cas de Flaubert, Baudelaire ou encore Maupassant.

Le réalisme naît aussi d'une époque particulière, qui voit apparaître les sciences humaines. Les auteurs peuvent alors se servir des connaissances nouvellement acquises en biologie, psychologie et sociologie pour élaborer leurs personnages et leurs intrigues.

En accord avec les évolutions de son époque, le mouvement réaliste s'attache à représenter les classes sociales jusque-là délaissées par la littérature. Celle des ouvriers, des hommes qui vivent dans la misère, des prostituées... Des thèmes tels que ceux du travail, des relations homme-femme ou des injustices sociales deviennent les préoccupations principales des romanciers. En outre, la nécessité de se fonder sur le réel et des expériences vécues donnera un aspect plus personnel au roman, qui se fait souvent plus ou moins autobiographique.

Les auteurs traiteront de ces thèmes chacun à leur façon. Ainsi, Balzac, dans *La Comédie humaine*, n'hésite pas à décrire des réalités communément ignorées par la littérature parce que trop vulgaires ou trop banales. Balzac présentera le quotidien de toutes les classes sociales, excepté la classe ouvrière. Ses romans critiquent notamment la place trop importante de l'argent dans la société.

Le réalisme se caractérise également par la dimension pédagogique qu'il s'efforce d'adopter. En effet, des auteurs comme Balzac, Stendhal ou Zola auront à cœur d'expliquer dans le détail certains aspects de la société. L'écriture est vue comme un moyen d'enseignement. Elle apprend, révèle et ouvre les yeux sur certains aspects méconnus de la société.

Dans sa recherche de véracité, le réalisme en vient à devenir un mouvement de déconstruction des idées véhiculées jusqu'ici : celles d'un optimisme, d'une morale et d'une justice que l'observation de la réalité a démentie. L'homme n'est plus mis en valeur mais présenté dans toute sa nudité, avec ses défauts et ses failles. Son succès ou ses échecs ne sont plus conditionnés par son mérite mais par le fonctionnement, souvent arbitraire et injuste, de la société moderne.

On ne peut parler du réalisme sans évoquer le mouvement qu'il a initié, et qui s'est placé dans sa continuation directe : le naturalisme. Issu directement des principes réalistes, il est élaboré par Émile Zola dans un désir de renforcer l'aspect scientifique de la démarche de l'auteur. Influencé par la méthode expérimentale, il veut faire du roman une véritable analyse des phénomènes biologiques et sociologiques, s'inté-ressant notamment à l'hérédité, à l'influence du milieu social ou de la psychologie. Le roman, pour Zola, devient le lieu d'une expérience, fondée en premier lieu sur une observation minutieuse du réel et, en second lieu, de l'étude des consé-quences des faits observés. L'œuvre la plus représentative du naturalisme est celle des *Rougon-Macquart*. En l'espace de vingt romans, et par un processus de recherche et d'analyse, l'auteur retrace l'histoire d'une famille génération après gé-nération en démontrant toutes les conséquences de l'hérédité sur un individu.

Mis à part un désir identique de se faire les représentants de la société et de leur époque dans son intégralité, les au-teurs réalistes montrent peu de traits communs, il leur arrive d'ailleurs souvent de débattre de leurs divergences. Ainsi, dans une lettre écrite au romancier russe Ivan Tourgueniev en novembre 1877, Flaubert s'agace du réalisme exacerbé de Zola : « La réalité, selon moi, ne doit être qu'un tremplin. Nos amis sont persuadés qu'à elle seule elle constitue tout l'État ! Ce matérialisme m'indigne, et, presque tous les lundis, j'ai un accès d'irritation en lisant les feuilletons de ce brave Zola. » De la même manière, Maupassant critique le drama-turge Henri Monnier en ces termes : « Henri Monnier n'est pas plus vrai que Racine. » Duranty, lui, reproche à *Madame Bovary* de manquer de sentiment dans un article de la revue *Réalisme* : « Trop d'étude ne remplace pas la spontanéité qui vient du sentiment. »

Malgré ces désaccords dans le niveau de réalisme à em-ployer dans leurs œuvres, les auteurs se rejoignent dans leur volonté de donner à la littérature une dimension plus scienti-fique, et d'en faire le lieu d'étude privilégié de l'homme et de son environnement.

DANS LA MÊME COLLECTION
(par ordre alphabétique)

- **Chateaubriand**, *Atala*
- **Chateaubriand**, *René*
- **Chrétien de Troyes**, *Perceval*
- **Cocteau**, *Les Enfants terribles*
- **Colette**, *Le Blé en herbe*
- **Corneille**, *Le Cid*
- **Crébillon fils**, *Les Égarements du cœur et de l'esprit*
- **Defoe**, *Robinson Crusoé*
- **Dickens**, *Oliver Twist*
- **Du Bellay**, *Les Regrets*
- **Dumas**, *Henri III et sa cour*
- **Duras**, *L'Amant*
- **Duras**, *La Pluie d'été*
- **Duras**, *Un barrage contre le Pacifique*
- **Flaubert**, *Bouvard et Pécuchet*
- **Flaubert**, *L'Éducation sentimentale*
- **Flaubert**, *Madame Bovary*
- **Flaubert**, *Salammbô*
- **Gary**, *La Vie devant soi*
- **Giraudoux**, *Électre*
- **Giraudoux**, *La Guerre de Troie n'aura pas lieu*
- **Gogol**, *Le Mariage*
- **Homère**, *L'Odyssée*
- **Hugo**, *Hernani*
- **Hugo**, *Les Misérables*
- **Hugo**, *Notre-Dame de Paris*
- **Huxley**, *Le Meilleur des mondes*
- **Jaccottet**, *À la lumière d'hiver*
- **James**, *Une vie à Londres*
- **Jarry**, *Ubu roi*
- **Kafka**, *La Métamorphose*
- **Kerouac**, *Sur la route*
- **Kessel**, *Le Lion*

- **La Fayette**, *La Princesse de Clèves*
- **Le Clézio**, *Mondo et autres histoires*
- **Levi**, *Si c'est un homme*
- **London**, *Croc-Blanc*
- **London**, *L'Appel de la forêt*
- **Maupassant**, *Boule de suif*
- **Maupassant**, *La Maison Tellier*
- **Maupassant**, *Le Horla*
- **Maupassant**, *Une vie*
- **Molière**, *Amphitryon*
- **Molière**, *Dom Juan*
- **Molière**, *L'Avare*
- **Molière**, *Le Malade imaginaire*
- **Molière**, *Le Tartuffe*
- **Molière**, *Les Fourberies de Scapin*
- **Musset**, *Les Caprices de Marianne*
- **Musset**, *Lorenzaccio*
- **Musset**, *On ne badine pas avec l'amour*
- **Perec**, *La Disparition*
- **Perec**, *Les Choses*
- **Perrault**, *Contes*
- **Prévert**, *Paroles*
- **Prévost**, *Manon Lescaut*
- **Proust**, *À l'ombre des jeunes filles en fleurs*
- **Proust**, *Albertine disparue*
- **Proust**, *Du côté de chez Swann*
- **Proust**, *Le Côté de Guermantes*
- **Proust**, *Le Temps retrouvé*
- **Proust**, *Sodome et Gomorrhe*
- **Proust**, *Un amour de Swann*
- **Queneau**, *Exercices de style*
- **Quignard**, *Tous les matins du monde*
- **Rabelais**, *Gargantua*

- **Rabelais**, *Pantagruel*
- **Racine**, *Andromaque*
- **Racine**, *Bérénice*
- **Racine**, *Britannicus*
- **Racine**, *Phèdre*
- **Renard**, *Poil de carotte*
- **Rimbaud**, *Une saison en enfer*
- **Sagan**, *Bonjour tristesse*
- **Saint-Exupéry**, *Le Petit Prince*
- **Sand**, *Indiana*
- **Sarraute**, *Enfance*
- **Sarraute**, *Tropismes*
- **Sartre**, *Huis clos*
- **Sartre**, *La Nausée*
- **Sartre**, *Les Mots*
- **Senghor**, *La Belle histoire de Leuk-le-lièvre*
- **Shakespeare**, *Roméo et Juliette*
- **Steinbeck**, *Les Raisins de la colère*
- **Stendhal**, *La Chartreuse de Parme*
- **Stendhal**, *Le Rouge et le Noir*
- **Verlaine**, *Romances sans paroles*
- **Verne**, *Une ville flottante*
- **Verne**, *Voyage au centre de la Terre*
- **Vian**, *J'irai cracher sur vos tombes*
- **Vian**, *L'Arrache-cœur*
- **Vian**, *L'Écume des jours*
- **Voltaire**, *Candide*
- **Voltaire**, *Micromégas*
- **Zola**, *Au Bonheur des Dames*
- **Zola**, *Germinal*
- **Zola**, *L'Argent*
- **Zola**, *L'Assommoir*
- **Zola**, *La Bête humaine*

Lightning Source UK Ltd.
Milton Keynes UK
UKHW010720270821
389579UK00003B/574